12 janvier 1857
Exemplaire de Benedety frère

PREMIÈRE VENTE

CATALOGUE

D'UNE

IMPORTANTE COLLECTION

DE

TABLEAUX

ANCIENS

Des Écoles Française, Italienne, Flamande et Hollandaise

DONT LA VENTE AUX ENCHÈRES PUBLIQUES AURA LIEU

PAR SUITE DU DÉCÈS DE

M. MARCILLE

HOTEL DES VENTES MOBILIÈRES

Rue Drouot, n° 5

SALLE N° 5,

LES LUNDI 12 ET MARDI 13 JANVIER 1857

à une heure.

Par le ministère de M® **CHARLES PILLET**, Commissaire-Priseur,
Successeur de M. **BONNEFONS DE LAVIALLE**,
rue de Choiseul, 11,

Assisté de M. **FEBVRE**, Expert, rue de Choiseul, 13,

Chez lesquels se distribue le présent Catalogue.

EXPOSITION PUBLIQUE

Le Dimanche 11 Janvier 1857, de midi à 4 heures.

PARIS

MAULDE & RENOU

IMPRIMEURS DE LA COMPAGNIE DES COMMISSAIRES-PRISEURS

rue de Rivoli, 144.

1856

CONDITIONS DE LA VENTE

Elle sera faite au comptant.

Les acquéreurs payeront en sus des adjudications, CINQ pour 100, applicables aux frais.

LE CATALOGUE SE DISTRIBUE :

A Paris......	Chez MM. Pillet, commiss.-priseur, rue de Choiseul, 11
	A. Febvre, Expert, rue de Choiseul, 13.
Lille......	Tencé.
Londres .	Farrer, Wardour-street.
	Colnaghi, marchand d'estampes.
Bruxelles.	Heris et Leroy, Experts du Musée.
	Slas, longue rue Neuve.
Berlin....	Lepke.
Amsterdam.	Brongheest, Heeren Graght, 30.
	Devries Junior, princess Graght.
La Haye...	Enthoven.
Rotterdam.	Lamme, artiste peintre.
Cologne...	Bourgeois, marchand de tableaux.

L'homme qui, obéissant à ses propres impressions, cherche et collectionne les maîtres que la mode a rejetés ou n'a pas encore acceptés, celui-là, disons-le hautement, est plus qu'un amateur, c'est un homme d'élite.

Tel fut M. Marcille; artiste passionné, chercheur infatigable, il consacra toute sa vie à former sa collection, et il eut l'inappréciable avantage de pouvoir se procurer quantité d'œuvres de nos maîtres si charmants du xviiie siècle, que l'école de David avait reléguées dans un complet abandon et vers lesquelles son goût si sûr le porta toujours.

C'est à lui et à MM. de Cipierre, d'Yvry, ainsi qu'à quelques autres amateurs éclairés, que la bienséance nous interdit de nommer, et dont les noms sont désormais acquis à l'histoire des beaux-arts, que nous devons la réhabilitation de nos peintres les plus aimés, entre autres de Prud'hon et de Chardin; et nous devons dire, à la louange de M. Marcille, qu'après avoir trouvé, dans un temps, leurs œuvres pour quelques francs et les avoir remises en vogue et en honneur, il les poussa à leur plus haute valeur, chaque fois qu'il en pût trouver, et n'en laissa jamais sortir une seule de son cabinet, malgré les hauts prix qu'on lui offrit souvent.

C'est donc une véritable solennité artistique que la vente de cette collection où vinrent s'entasser, durant tant d'années, et chaque jour, tant de choses introuvables aujourd'hui.

Toutes les Écoles, toutes les célébrités s'y coudoient; à côté des ravissantes compositions de l'École française, nous trouvons quantité de portraits historiques, gravés, pour la plupart, plusieurs d'un mérite hors ligne, et tous certainement d'un puissant intérêt : Mmes Dubarry et de Pompadour, dues au pinceau de Drouais; la figure magistrale de l'Arétin, œuvre rare de Sébastien del Piombo, des sénateurs et des gentilshommes de Paris Bordone, des hommes d'État éminents, Colbert, Louvois, Daguesseau et tant d'autres, par Nanteuil, Mignard et Largillière, et enfin l'une des plus belles pages de Philippe de Champaigne, le portrait en pied de l'abbé de Saint-Cyran, l'un des fondateurs de Port-Royal.

Signalons, en outre, un délicieux portrait de Prud'hon, celui de l'Impératrice Joséphine, et un autre de notre chef d'École, M. Ingres.

Nous sommes donc assuré à l'avance de l'immense intérêt qui s'attachera à cette vente, pour laquelle nous avons cru devoir nous abstenir de toute description.

A. FEBVRE.

DÉSIGNATION
DES
TABLEAUX

ÉCOLE FRANÇAISE.

AUBRY (Étienne).

1 — Louis XVI et sa famille.

BEAUJEUX.

2 — Louis XVII.   Pastel.
(Donné par madame Élisabeth à la baronne de Saint-Julien).

BOUCHER (François).

3 — Portrait de Philippe d'Orléans, père du roi Louis-Philippe.
4 — Assomption.
5 — La Vierge.
6 — Le Déjeûner.   Gravé.
7 — La Toilette.
8 — L'Odorat.
9 — L'Assomption.

10 — L'Hiver.   Gravé.
11 — Jeune femme.   Pastel. Gravé.

CHAMPAIGNE (Philippe de).

12 — Louis XIII.   Gravé.
13 — Portrait en pied de l'abbé de Saint-Cyran, l'un des fondateurs de Port-Royal.
14 — Monseigneur de Lomenie, archevêque d'Angers.
15 — Portrait de Montmor, protecteur de Gassendy. Gravé.

CHARDIN (Siméon).

16 — Portrait de l'artiste.
17 — Instruments de musique.
18 — Harengs et ustensiles de cuisine.
19 — Le Mercure de Pigalle.   Grisaille.
20 — Le Bénédicité.   Esquisse.
21 — Légumes et vases.
22 — Instruments de musique.
23 — Pommes et gobelets.
24 — Ustensiles de cuisine.
25 — Gibier, fruits, légumes.
26 — Fruits dans un panier.
27 — Chaudrons et ustensiles de cuisine.
28 — Vespasien.   Grisaille.

DESPORTES (François).

29 — Fruits.
30 — Singe et perroquet.

DETROY (François).

31 — Mardochée devant Assuérus.
32 — Banquet d'Assuérus.
33 — Évanouissement d'Esther.
34 — Couronnement d'Esther. } Gravés.
35 — Mardochée devant Esther.
36 — Toilette d'Esther.
37 — La Leçon de musique.
38 — Le maréchal de Belle-Isle.
39 — Jason partant pour la conquête de la Toison d'Or.
40 — Jason faisant la conquête de la Toison d'Or.
41 — M. de Marville.
(Provient de l'hôtel Lambert).

DUMONT (Jean), dit LE ROMAIN.

42 — Soldat et Vivandière jouant à la Murra.

DROLLING (Martin).

43 — Portrait de la sœur de Robespierre, qui a pris le nom de Madame de la Roque, après la mort de son frère.

DROUAIS (Hubert).

44 — Madame de Pompadour.
45 — Madame Du Barry.
46 — Le duc de Provence, depuis Louis XVIII.

DUCREUX (Joseph).

47 — Portrait de l'Artiste.

DUPLESSIS (Joseph)

48 — Le duc d'Orléans, père du roi Louis-Philippe.
49 — Le comte de Provence.

DUVIDAL (Mlle Louise-Rose-Julie).

50 — Bacchus,
(Galerie du Palais-Royal).

FERDINAND (Louis).

51 — Lemery, médecin chimiste.   Gravé.

FRAGONARD (Honoré).

52 — La Toilette de Vénus.
53 — Les Regrets.   Esquisse.
54 — Offrande à l'Amour.
55 — Le Rêve du bonheur.
56 — Portrait d'homme.
57 — Nymphes.
58 — Portrait de femme.
59 — Peines d'amour.
60 — Vénus et l'Amour.
61 — La Ville de Marseille protégée par le Commerce.   Allégorie.

62 — Rendez-vous de chasse.
63 — Amours tressant des fleurs.
64 — Portrait d'une actrice.

GÉRICAULT (Théodore).

65 — Exécution à Rome.
66 — Cheval gris-pommelé.
67 — Académie.
                              (Vente Charlet).
68 — La Défense du drapeau.   Lithographié.

GILLOT (Claude).

69 — Les Comédiens italiens.

GREUZE.

70 — Jeune Fille.
71 — Offrande à l'Amour.
72 — Tête de jeune fille.   Pastel.
73 — La Madeleine.   Dessin.
74 — L'Enfant maudit.
75 — Jeune Fille.   Pastel.
76 — Portrait d'homme.
77 — Portrait de l'artiste.
78 — Portrait de Diderot.   Dessin, gravé.
79 — Jeune Fille.

GREUZE (d'après).

80 — L'Oiseau mort.   Pastel.

HUBERT (ROBERT).

81 — Paysage.
82 — Jardins de Versailles.
83 — Fête dans un parc.

INGRES (JEAN-AUGUSTE-DOMINIQUE).

84 — Portrait de femme.

JEAURAT (ÉTIENNE).

85 — La Leçon de lecture.
86 — Instruments.
87 — Le Feu.

LAJOUE (JACQUES).

88 — Intérieur de parc avec Fontaine.

LANCRET (NICOLAS).

89 — Fête vénitienne.
(Tableau cité dans l'œuvre de Dargenville).

LARGILLIÈRE (NICOLAS).

90 — Portrait du chancelier d'Agnesseau.
91 — Fleurs.
92 — Portrait d'homme.
93 — Portrait de femme.

LATOUR.

94 — Portrait d'homme.   Pastel.
(Vente Saint).

95 — Le marquis de Brunoy, gravé.

LEDOUX (Mlle).

96 — Tête d'expression.

LEFÈVRE (Claude).

97 — Portrait de Le Nôtre.

LEMOINE (François).

98 — Hercule et Omphale.

LÉPICIÉ (Nicolas-Bernard)

99 — Le Bonnet d'âne

MIGNARD (Pierre).

100 — Portrait d'une princesse de la famille Mancini.
101 — Portrait de Jacques II.
102 — Portrait de la femme de Jacques II.
103 — La Vierge.
104 — La duchesse du Lude.
105 — M. Le Pelletier, surintendant des finances sous Louis XIV.   Gravé.

106 — Mademoiselle de La Vallière.
107 — Madame de Grignan.
108 — Louvois.   Gravé.
109 — Madame de Sévigné.
110 — M. Pillet, président au parlement de Rouen.
       Gravé.

MILLÉ (Francisque).

111 — La Fuite en Égypte.
112 — Paysage historique.

MONNOYER (Baptiste).

113 — Fleurs.

NANTEUIL (Robert).

114 — Mazarin.   Pastel.
115 — Le maréchal Fabert.   Pastel.
116 — Colbert (Pastel).   Gravé.

NATTIER.

117 — Portrait de madame de Prie.
118 — Le Triomphe d'Amphitrite.
119 — Portrait de madame de Châteauroux.
120 — La princesse Sophie, fille de Louis XV.
121 — Femme tenant des fleurs.
122 — Madame du Châtelet.

OUDRY (Jean-Baptiste).

123 — Repos de chasse.
124 — Perruche.

PRUD'HON (Pierre).

125 — Le Rêve du bonheur.
126 — Portrait de l'impératrice Joséphine.
(Vente Rouillard.)
127 — Deux figures soutenant un médaillon ; études faites pour un transparent, peint pour le mariage de l'Empereur avec Marie-Louise.

RIGAUD (Hyacinthe).

128 — Fontenelle.
129 — Portrait de La Bruyère.
130 — Portrait du fabuliste Lamotte.
131 — Portrait d'homme.
132 — Catinat.   Gravé.

TOCQUÉ (Louis).

133 — Portrait d'homme.

VALAYER COSTER (Mme).

134 — Pêches.
(Tableau exposé au Salon de 1798, sous le n° 104).
135 — Marie-Antoinette.
136 — Louis XVI.

VALIN.

137 — La Famille de Caïn.

VANLOO (Carle).

138 — Son portrait.   Gravé.
139 — Portrait de femme.
140 — Louis XV.
141 — Madame de Penthièvre.
142 — Saint Charles Borromée invoquant le ciel, avant d'aller porter secours aux pestiférés.

VERNET (Joseph).

143 — Marine avec sujet de Jonas.   Gravé.
144 — Marine.

VIEN (Joseph-Marie).

145 — Portrait de Delille.

VINCENT (François-André).

146 — Portrait de d'Alembert.

VOUET (Simon).

147 — Son portrait.

WATTEAU (Antoine).

148 — Jeune femme et enfant.
(Pastiche de P. Véronèse.)

WATTEAU (attribué à).

149 — Jeune femme pinçant de la guitare.

ÉCOLE FRANÇAISE.

150 — Portrait de Washington.
151 — Voltaire et sa famille.
(Cadre contenant cinq miniatures).

ÉCOLE ANGLAISE.

NORTHCOTE (Jacques).

152 — Jeune fille.

REYNOLDS (Josua).

153 — Portrait de milady Cattesby.   Dessin.
154 — Portrait d'un médecin anglais.

ÉCOLE ITALIENNE.

APPIANI (André).

155 — L'Amour enflammant des cœurs.

BELLIN (Jean).

156 — Sainte-Famille.

BORDONE (Paris).

157 — Portrait d'homme.
158 — Sénateur vénitien.

CARRACHE (Annibal).

159 — L'Enlèvement d'Europe.   Gravé.

CORRÉGE.

160 — Décollation d'un martyr.

DOLCI CARLO.

161 — Sainte Catherine.

DOMENICO (Zampieri).

162 — Saint Laurent.

DUGHET (Gaspard).

163 — Paysage.

NICOLO DI SIMONE.

164 — Bacchanale.

PALME LE VIEUX.

165 — Le Christ.

PARMEGLIANO.

166 — Sainte Famille.

PRIMATICO (François).

167 — Enfants.   Gravé.

PINTURICCHIO (Bernardin).

168 — La Vierge et Jésus.
Provenant de la vente Artaud de Montor.

PIOMBO (Sébastien del).

169 — Portrait de l'Arétin.

PROCACCINI (Camille).

170 — Amours.
De la collection Denon.

SARTE (Andrea del).

171 — Saint Sébastien.
172 — La Visitation.

SCHIAVONE (Grégoire).

173 — Latone change en grenouilles des villageois qui l'insultent.

SCHEDONE (d'après CORRÈGE).

174 — Sainte Famille.

TINTORET (JACQUES).

175 — La Résurrection.

ÉCOLES FLAMANDE ET HOLLANDAISE.

ADRIAENSENS (ALEXANDRE).

176 — Oiseaux.
177 — Poissons.

DIETRICH.

178 — Le bon Samaritain.

HELST (BARTHÉLEMY VAN DER).

179 — Portrait d'homme.
180 — Portrait d'homme.

VAN DYCK (ANTOINE).

181 — Portrait de Crayer.
182 — Portrait de femme.   Esquisse.

VAN DYCK (Attribué à).

183 — L'un des enfants de Charles Ier.

GOYEN (Jean van).

184 — Marine.

HALS (Franck).

185 — Portrait d'homme.

KALF (Guillaume).

186 — Nature morte.

LELIE (le chevalier Adrien de).

187 — Portrait d'homme.

MIGNON (Abraham).

188 — Fruits.

MIREVELT (Michel).

189 — Portrait de Barneveldt.

VAN MOL.

190 — Le Banquet des Dieux.
191 — Thétis et Pelée.

POELEMBURG (Corneille).

192 — Satyres et Nymphes.
193 — Idem.   Idem.

POL (Chrétien van).

194 — Pêches.

RUBENS (Pierre-Paul).

195 — Madeleine en prières.

THULDEN (Théodore van).

196 — Le Couronnement de la Vierge.

VANDAEL (Jean).

197 — Bouquet de roses.
198 — Fruits.

VAN SON (Georges).

199 — Raisins et Pain.

VAN SPAENDONCK (Corneille).

200 — Raisins.

VAN SPAENDONCK (Gérard).

201 — Pêches.

ÉCOLE ESPAGNOLE.

CARENO (André).

202 — Portrait en pied de Catherine-Anne de Bourbon, femme de Philippe V.

RIBERA (Joseph).

203 — Saint Jérôme.

VELASQUEZ DE SILVA.

204 — Jeune fille.
205 — Idem.
206 — Sous ce numéro quelques tableaux non catalogués.

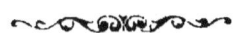

SUITE DE LA PREMIÈRE VENTE

CATALOGUE
D'UNE
IMPORTANTE COLLECTION
DE

TABLEAUX

ANCIENS
Des Écoles Française, Italiennes, Flamande et Hollandaise

DONT LA VENTE AUX ENCHÈRES PUBLIQUES AURA LIEU

PAR SUITE DU DÉCÈS DE

M. MARCILLE

HOTEL DES VENTES MOBILIÈRES
Rue Drouot, n° 5

SALLE N° 2,

LES MERCREDI 14 ET JEUDI 15 JANVIER 1857
à une heure

Par le ministère de M° **CHARLES PILLET**, Commissaire-Priseur,
Successeur de M. **BONNEFONS DE LAVIALE**,
rue de Choiseul, 11,

Assisté de M. **FEBVRE**, Expert, rue de Choiseul, 13.
Chez lesquels se distribue le présent Catalogue.

EXPOSITION PUBLIQUE
Le Mardi 13 Janvier 1857, de midi à quatre heures.

PARIS
MAULDE & RENOU,
IMPRIMEURS DE LA COMPAGNIE DES COMMISSAIRES-PRISEURS,
Rue de Rivoli, 144, près du Louvre.
1856

CONDITIONS DE LA VENTE

Elle sera faite au comptant.

Les acquéreurs paieront, en sus des adjudications, cinq pour cent, applicables aux frais.

Le Catalogue se distribue :

A **Paris**, chez MM. PILLET, commiss.-priseur, rue de Choiseul, 11.
A. FEBVRE, Expert, rue de Choiseul, 13.

Lille.......... TANCÉ.
Londres...... FARRER, Wardour street.
COLNAGHI, marchand d'estampes.
Bruxelles.... HERIS et LEROY, Experts du Musée.
SLAS, longue rue Neuve.
Berlin........ LEPKE.
Amsterdam. BRONGHEEST, Heeren Graght, 30.
DEVRIES JUNIOR, princess Graght.
La Haye...... ENTHOVEN.
Rotterdam... LAMME, artiste peintre.
Cologne...... BOURGEOIS, marchand de Tableaux.

SUITE DE LA PREMIÈRE VENTE MARCILLE.

SALLE N° 2.

DÉSIGNATION

DES TABLEAUX

ÉCOLE FRANÇAISE.

BIDAULT.

207 — Le Temple de la Sybille.

BOUCHER (François).

207 bis. — Sujet chinois.
208 — Sujet allégorique.

BRENET (Louis).

209 — Mort de Duguesclin.

CHAMPAIGNE (Philippe de).

210 — Le chancelier Séguier.
211 — Lamoignon.
212 — Portrait d'homme.
213 — *Mater Dolorosa*.
214 — Portrait de Jansénius.

CHARDIN (Siméon).

215 — L'Enfant au bilboquet.
216 — Pâté.

CHARDIN (Attribué à).

217 — Jeune Fille.

CHAVANNES.

218 — Paysage.

COYPEL (Antoine).

219 — Démocrite.   Gravé.
220 — L'Éducation de la Vierge.

DANLOUX (Pierre),

221 — Portrait de Pitt.

DAVID (Louis).

222 — Portrait de l'artiste.
223 — Portrait de Pie VII.

DENIS.

224 — Paysage.

DESPORTES (François).

225 — Fruits, légumes et fleurs.
226 — Fruits.
227 — Pêches et figues.

DETROY (François).

228 — Portrait d'homme.

DROLLING (Martin).

229 — Portrait de madame Campan.
230 — Id. du général Bessières.

FRAGONARD (Honoré).

231 — Le Christ en croix.
232 — L'Adoration des Mages.
233 — Le Désaccord.
234 — L'Accord.
235 — Enfants.

GÉRICAULT (Théodore).

236 — Sujet tiré de l'histoire romaine. Esquisse.
237 — Académie.
238 — Id.
239 — Lions. (D'après le tableau de Rubens, représentant le mariage de Henri IV. N° 440 du Catalogue du Musée).

GREUZE (Jean-Baptiste).

240 — Tête d'enfant.

GREUZE (Attribué à).

241 — Jeune Enfant.
242 — L'Effroi.
243 — Tête de jeune fille.

GREUZE (École de).

244 — Portrait de Quesnay, médecin de Louis XVI.
245 — Le Délire.

GRIMOUX (Jean).

246 — Portrait de Lekain.

HALLÉ (Claude).

247 — La Fuite en Égypte.

HEIM (Alexandre).

248 — Charles X distribuant des récompenses.

HUE (Jean-François).

249 — Marine.

JEAURAT (Étienne).

250 — Mappemondes.
251 — Portrait de femme.

JOUVENET (Jean).

252 — David dansant devant l'Arche.

LAFOSSE (Charles de).

253 — Esquisse.

LAJOUE (Jacques).

254 — La Camargo.

LANCRET (Nicolas).

255 — Baigneuse.

LARGILLIÈRE (Nicolas).

256 — Le Président du Harlay.
257 — Portrait de Joseph Foucault.
258 — Idem d'un échevin.
259 — Idem d'un président au parlement.
260 — M. d'Aligre.

LATOUR (Genre de).

261 — Portrait d'homme.   Pastel.

LEBRUN (Mme Élisabeth Vigée).

262 — Son portrait.
263 — Madame de Genlis.
264 — Portrait de femme.

LEBRUN (Charles).

265 — Alexandre recevant la famille de Darius.
266 — Évanouissement d'Esther.
267 — Sujet allégorique.   Grisaille.

LEDOUX (Mlle).

268 — La Nouvelle.

LEFEVRE (Claude).

269 — Portrait de Fénelon.

DE LAHAYE (Jean).

270 — Louis XIV.   Gravé.

LENAIN (Antoine).

271 — Vieille femme.

LEPICIÉ (Nicolas-Bernard).

272 — Jeune fille tressant des fleurs.

LEPRINCE.

273 — Paysage.

LESUEUR (Eustache).

274 — Portrait de Sarazin.   Gravé.

MIGNARD (Pierre).

275 — Portrait d'Henriette d'Angleterre.
276 — D'Aguesseau.
277 — La duchesse de Bourgogne.
278 — M. de Matignon.
279 — Portrait de femme.

MILLÉ (Francisque).

280 — Paysage.

MONOYER (Baptiste).

281 — Vase de fleurs.
282 — Fleurs.
283 — Idem.

NATOIRE (Charles).

284 — Sujet allégorique.
285 — Idem.
286 — Vénus.

OUDRY (Jean-Baptiste).

287 — Levrier blanc.
288 — Gibier.
289 — Chiens dans un paysage.

PARROCEL (Joseph).

290 — Cavaliers.
291 — Pendant du précédent.

PERELLE (Nicolas).

292 — Paysage.

POUSSIN (Nicolas).

293 — Bacchanale.   Esquisse.

PROVOST.

294 — Pivoines.

RAOUX (Jean).

295 — Portrait de l'acteur Baron.

ROLAND DELAPORTE.

296 — Devant de cheminée.

RESTOUT (Jean).

297 — Moine.

RIGAUD (Hyacinthe).

298 — Portrait du médecin Fagon.

ROBERT (Hubert).

299 — Bruandet dans son atelier.

TOURNIÈRE (Robert).

300 — Le duc d'Orléans.
301 — Portrait de l'acteur Baron.

TRINQUESSE.

302 — Madame Du Barry.

TURPIN DE CRISSÉ.

303 — Offrande à une divinité champêtre.

VALAYER COSTER.

304 — Pêches.
305 — Dito.

VANLOO (Carle).

306 — Helvétius.
307 — Portrait de femme.
308 — Jeune femme.
309 — Clorinde chez les bergers.

VERNET (Horace).

310 — Course de chevaux.   Esquisse.

VERNET (Joseph).

311 — Vue de Rome.

WATTEAU (attribué à).

312 — La Déclaration.

ÉCOLE FRANÇAISE.

313 — Louis XVI.
314 — Monsieur Montausier.
315 — Portrait de femme.
316 — Dito   de Molé, l'acteur.
317 — Dito   de madame Roland.
318 — Une Religieuse.
319 — Anne d'Autriche.
320 — Senez, évêque de Beauvais.

321 — Silène entouré d'enfants.
322 — La Balançoire.
323 — Portrait.
324 — Marmontel.
325 — La Vierge et Jésus.
326 — Madame de Maintenon.

ÉCOLES FLAMANDE ET HOLLANDAISE.

BALEM (Henri van).

327 — La Vierge et Jésus.

BRAUWER (Adrien).

328 — Un Buveur.

CRAYER (Gaspard de).

329 Femme et amours.   Grisaille.

DIEPENBEKE (Abraham).

330 — La Présentation de la Vierge au Temple.

DYCK (Antoine van).

331 — Tête de vieillard.

DYCK (attribué à Antoine van).

332 — Enfants et fleurs.

EECKHOUT (Gerbrand van den).

333 — Hérodiade.

JORDAENS (Jacques).

334 — Saint Paul à Éphèse.
335 — La nymphe Amalthée.
(Grisaille provenant de la Collection Desfriche.)

336 — Diane.

GOYEN (Jean van).

337 — Paysage.
338 — Marine.

GRIFF (Adrien).

339 — Oiseaux.
340 — Dito.

HEEM (David de).

341 — Fruits.

HELST (Barthélemy van der).

342 — Portrait d'un capitaine hollandais.

HERBROECK (Van).

343 — Fruits.

HOLBEIN (Attribué à).

344 — Portrait d'homme.

HONDEKOETER (Melchior).

345 — Perroquets.

KALFF (Guillaume).

346 — Vases sur une table.
347 — Nature morte.
348 — Idem.

KOETS (Roelof.).

349 — Le père Quesnel, oratorien.   Gravé.

MIÉRIS.

350 — Buveurs.

MIGNON (Abraham).

351 — Nature morte.

MIREVELT.

352 — Portrait de femme.

MOL (Jean-Baptiste (Van).

353 — Apollon et les Muses.

MOLNAER (Jean).

354 — Paysage.

ONDIUS.

355 — Animaux dans un paysage.

ORLEY (Bernard Van).

356 — Sainte Famille.

PORBUS (Pierre).

357 — Une des filles de Henri IV.
358 — Portrait de Duvair.

RIKAERT (David).

359 — Vieille femme.

ROCH-DELF.

360 — Femme cousant.

ROTHENAMER.

361 — Satyre et nymphe.

RUBENS (Pierre-Paul).

362 — Dieu le père recevant le corps de son fils.
Esquisse gravée.

SUSTERMANS (Juste).

363 — Portrait d'enfant.

SNEYDERS (François).

364 — Chiens dans un garde-manger.

THIELEN (Jean-Philippe Van).

365 — Fleurs entourant un médaillon dans lequel sont groupés des oiseaux.
366 — Guirlande de fleurs avec médaillon en grisaille.

THULDEN (Théodore Van).

367 — Promenade d'un pape.
368 — Saint François Xavier.

UDEN (Luc Van).

369 — Paysage.

VLEUGELS (Le chevalier).

370 — La Vénitienne.   Gravé.
371 — Jeune fille de Rome.   Gravé.

ZORG (Henry-Martin).

372 — Nature morte.

WEENIX (Jean-Baptiste).

373 — Port de mer.

ÉCOLE ALLEMANDE.

374 — Deux volets de triptyque.

ÉCOLE ITALIENNE.

L'ALBANE.

375 — La Toilette.

LE BASSAN.

376 — Le Forgeron.

CALABRESSE.

377 — Son Portrait.

CANALETTO (Antoine).

378 — Paysage.
379 — Vue de Venise.

CARRACHE (Annibal).

380 — Mater dolorosa.   Gravé.
381 — Saint François.

CARRACHE (Augustin).

382 — Bacchanale.

CARAVAGE.

383 — Les disciples d'Emmaüs.
384 — La Vierge et Jésus.

CAVEDONE (Jacques).

385 — La Naissance de Jésus.
386 — Martyr d'un saint.

CORTONE (Pierre de).

387 — Triomphe de Bacchus.

DOLCI (Carlo).

388 — Le Christ.
389 — La Vierge.

DUGHET (Gaspard).

390 — Paysage.

GIORDANO (Lucas).

391 — L'Amour flagellé.

GUERCHIN.

392 — Didon.

GUIDO (Reni).

393 — Saint Jean.

LANFRANC (Jean)

394 — Tête de vieillard.

LOCATELLI (Jacques).

395 — Paysage.

MARIA DELLA CORTE.

396 — Fruits.

MOLA (François).

100 397 — Madeleine.

ORIZONTI.

203 398 — Paysage.

PIAZETTA (Jean-Baptiste).

19 399 — Femme mangeant un melon.
15 400 — Tête de jeune fille.

PONTORME (Jacques).

105 401 — La Vierge et Jésus.

PROCCACINI (André).

130 402 — La Vierge et Jésus.

ROMANELLI (Jean-François).

75 403 — L'Adoration des Bergers.

ROSA DE TIVOLI.

60 404 — Deux chiens.

SALVATOR ROSA.

405 — Paysage.
406 — Pendant du précédent.

SACCHI (Andrea).

407 — L'Assomption.

SCHEDONE (Barthélemy).

408 — L'Ensevelissement du Christ.

TINTORET (Jacques).

409 — Le Christ priant.

TREVISANI (François).

410 — Plafond.   Esquisse.
411 — Esquisse.

VÉRONÈSE (Paul).

412 — Jeune prince.

ÉCOLE ESPAGNOLE.

COELLO (Claude).

413 — Portrait de l'Infant don Carlos.

HERRERA (François).

414 — Saint Jérôme.
415 — Sous ce numéro quelques tableaux non catalogués.

- 342 —
- 354 —
- 346 —
- 311 —
- 304
- 295
- 209 —
- 3
- 925
- 215 — 211
- 203
- 217
- 255 — 102
- 261 — 90
- 298 —
- 335 — 85
- 209 — 58
- 247 —
- 278 — 98

FIN DE LA PREMIÈRE VENTE

CATALOGUE
D'UNE
IMPORTANTE COLLECTION
DE

TABLEAUX
ANCIENS

Des Écoles Française, Italienne, Flamande
et Hollandaise

DONT LA VENTE AUX ENCHÈRES PUBLIQUES AURA LIEU

PAR SUITE DU DÉCÈS DE

M. MARCILLE

HOTEL DES VENTES MOBILIÈRES
Rue Drouot, n° 5

SALLE N° 1,

LES VENDREDI 16 ET SAMEDI 17 JANVIER 1857
à une heure

Par le ministère de Me **CHARLES PILLET**, Commissaire-Priseur,
Successeur de M. **BONNEFONS DE LAVIALE**,
rue de Choiseul, 11,

Assisté de M. **FEBVRE**, Expert, rue de Choiseul, 13.
Chez lesquels se distribue le présent Catalogue.

EXPOSITION PUBLIQUE
Le Jeudi 15 Janvier 1857, de midi à quatre heures.

PARIS
MAULDE & RENOU,
IMPRIMEURS DE LA COMPAGNIE DES COMMISSAIRES-PRISEURS,
Rue de Rivoli, 144, près du Louvre.
1857

CONDITIONS DE LA VENTE

Elle sera faite au comptant.

Les acquéreurs paieront, en sus des adjudications, cinq pour cent, applicables aux frais.

Le Catalogue se distribue :

A Paris, chez MM. PILLET, commiss.-priseur, rue de Choiseul, 11.
  A. FEBVRE, Expert, rue de Choiseul, 13.
Lille.......... TANCÉ.
Londres...... FARRER, Wardour street.
  COLNAGHI, marchand d'estampes.
Bruxelles.... HERIS et LEROY, Experts du Musée.
  SLAS, longue rue Neuve.
Berlin........ LEPKE.
Amsterdam.. BRONGHEEST, Heeren Graght, 30.
  DEVRIES JUNIOR, princess Graght.
La Haye...... ENTHOVEN.
Rotterdam... LAMME, artiste peintre.
Cologne...... BOURGEOIS, marchand de Tableaux.

FIN DE LA PREMIÈRE VENTE MARCILLE

SALLE N° 1.

DÉSIGNATION

DES TABLEAUX

ÉCOLE FRANÇAISE

ALLEGRAIN (Étienne).

406 — Paysage.

BOUCHER.

407 — Lettre d'amour.
408 — Tête de femme.

BRENET.

209 — Mort de Duguesclin.

BRUANDET.

410 — Paysage.

P. DE CHAMPAIGNE.

411 — Portrait d'homme.
412 — Portrait d'un magistrat.
413 — D'Aguesseau.
414 — Madame de Miramion.
415 — La Prière.   Grisaille.
416 — Cinq-Mars.
417 — Saint Jérôme.   Gravé par Poilly.
418 — Séguier.
419 — Saint Augustin.
420 — Saint Gervais et saint Protais.   Grisaille.
421 — Nicole de Port-Royal.

CHARDIN (Siméon).

422 — Jeune femme.

CHARDIN (attribué à).

423 — Portrait de femme.
424 — Bas-relief d'après Bouchardon.

COYPEL (Antoine).

425 — Portrait d'homme.

CREPIN (Louis-Philippe).

426 — Rochers.

DE LA HAYE.

427 — Fontenelle.

DENIS.

428 — Cheval et taureau.

DE TROY (François).

429 — Catillon Montauron, joaillier sous Louis XIV.
Gravé.
430 — Portrait d'homme.

DROLLING (Martin).

431 — M. de Forbin Janson.

DUCREUX.

432 — Maloet, médecin.

FRAGONARD (Honoré).

433 — L'Amour.
434 — Jupiter et Hébé.
435 — Sujet tiré de l'Histoire de France. Esquisse.

GREUZE (Jean-Baptiste).

436 — M. de Maurepas.

GREUZE (école de).

437 — La Jeune fille au chien.

GUILLEMOT.

438 — Le Triomphe d'Alexandre.

HUE (Jean-François).

439 — Marine.
440 — Vue du port de Brest.

JEAURAT (Étienne).

441 — Livres.
442 — Un violon.
443 — Portrait de l'artiste.

JANET CLOUET.

444 — Michel de L'Hôpital.

LAFOSSE (Charles de).

445 — Mars et Vénus.
446 — L'un des travaux d'Hercule.

LANCRET (Nicolas).

447 — La Toilette.

LARGILLIÈRE (Nicolas).

448 — Fleurs.

LEBRUN (Charles).

449 — Le Christ.   Grisaille.

LEMOINE (François).

450 — La Religion.

LENAIN (Antoine).

451 — Un Mendiant.
452 — Tête de jeune femme.

LESUEUR (Eustache).

453 — Un Saint.

LESUEUR (école de).

454 — Un Moine.

LE CHEVALIER MALTAIS.

455 — Instruments de musique.

MIGNARD (Pierre).

455 bis — Colbert, archevêque de Rouen.

MILLÉ (Francisque).

456 — Paysage.
457 — Id.

MONNOYER (Baptiste).

458 — Fleurs.
459 — Id.
460 — Id.

NATOIRE (Charles).

461 — Enfants tenant un cadran.
462 — Deux amours.

NATTIER.

463 — Madame Victoire, fille de Louis XV. Pastel.

OUDRY (Jean-Baptiste).

464 — Chien.
465 — Études d'oiseaux.
466 — Chiens.

PARROCEL (Joseph).

467 — Le Martyre de saint Hippolyte.

PATER (Jean-Baptiste).

468 — La Moisson.

PÉRELLE (Nicolas).

469 — Paysage et architecture.

POUSSIN (attribué à).

470 — Flore.

RIGAUD (Hyacinthe).

471 — Portrait du bénédictin Mabillon.
472 — Portrait d'homme.
473 — Louvois.
474 — Madame de Montespan.

ROBERT (Hubert).

475 — Sa palette avec un autographe de Talma.
476 — Un homme conduisant une vache.
477 — Paysage, clair de lune.
478 — Rochers.

ROBERT LEFÈVRE.

479 — Caroline Murat, reine de Naples.
480 — L'Amour.
481 — L'Impératrice Joséphine.

SAUVAGE.

482 — Enfants.   Camaïeu.
483 — Amours.   Grisaille.

484 — Nature morte.
485 — Amours.   Bas-relief.
486 — Grisaille.

SUBLEYRAS (Pierre).

487 — La Confirmation.

TREMOLIÈRE (Pierre Charles).

488 — Toilette de Vénus.

TRINQUESSE.

489 — Le comédien Molé.

VAN LOO (Carle).

490 — Portrait de femme.
491 — Tête de jeune homme.
492 — Portrait de femme.

WATTEAU (attribué à).

493 — Voyage à Cythère.
494 — La Conversation.

ÉCOLE FRANÇAISE.

495 — Femmes, grisaille.
496 — Pendant du précédent.
497 —   Id.

498 — Lavoisier.
499 — Le maréchal de Luxembourg.
500 — Saint Nicolas.   Esquisse.
501 — Le grand Condé.
502 — Madame de Graffigny.
503 — Berger et Bergère.
504 — Michel Le Tellier.
505 — Le Marquis de Nesle.
506 — Le Paultre, sculpteur.
507 — Portrait de femme.
508 — Le duc de Vendôme.
509 — Un Pigeon.
511 — La Sculpture.   Grisaille.
512 — L'Architecture.   Grisaille.
513 — Apollon.   Esquisse.
514 — Henriette d'Angleterre.

ÉCOLE ITALIENNE

BARROCHE (Frédéric).

515 — La Vierge et l'Enfant Jésus.

BASSAN (Jacques).

516 — Dieu fécondant la terre.

CAMUCCINI (Vincent).

517 — Tête de vieillard.

CANALETTO (Antoine).

518 — Saints.　　　　　　　　Grisaille.

CARRACHE (Annibal).

519 — Saint Pierre.
520 — Deux Enfants.

CORRÈGE (école de).

521 — La Mort de saint Joseph.

CRESPI (Maria).

522 — Sainte en extase.

DUGHET (Gaspard).

523 — Le Temple de la Sibylle.
524 — Paysage.

FURINO (François).

525 — Esquisse d'un tableau qui est au palais Pitti, à Florence.

GATTI (Tommaso).

526 — La Madeleine.

LE GUERCHIN.

527 — Saint François.

GUIDO RENI.

528 — Saint Michel.
529 — Enfants.

LANFRANC (Jean).

530 — Tête de vieillard.

MARATTI (Carlo).

531 — La Naissance de l'Enfant-Jésus.

MARINARI (Honoré).

532 — Une Sainte.

CARAVAGE (Michel-Ange de).

533 — Diogène.

PANNINI (Jean-Paul).

534 — Architecture.

PAGGI (Jean-Baptiste).

535 — Le Repos de l'Amour.

LE PARMESAN.

536 — Une Femme et deux Enfants.
537 — La Vierge.

PIAZETTA (Jean-Baptiste).

538 — Jeune Fille endormie.

RAPHAEL (d'après).

539 — Jupiter et Ganimède.
540 — Sainte Famille.

SALVIATI (Joseph).

541 — Le Christ soutenu par un ange.

SANTI DI TITO.

542 — Résurrection de Lazare.

SALARIO (d'après André).

543 — La Vierge et l'Enfant-Jésus.

SARTE (Andrea del).

544 — La Vierge.

SARTE (Andrea del) (école de).

545 — La Cène.

SCHIAVONE (Grégoire).

546 — Tête de vieille femme.

SOLIMÈNE (François).

547 — Triomphe de l'Enfant-Jésus.
548 — Couronnement de la Vierge.

TINTORET (Jacques).

549 — Triomphe d'Alexandre.
550 — Portrait d'homme.

TINTORET (d'après).

552 — Le Rachat d'un esclave.

TITIEN (d'après).

553 — Les Disciples d'Emmaüs.

TREVISANI.

554 — Jésus au milieu des docteurs.

LÉONARD DE VINCI (école de).

555 — Le Christ.

ÉCOLE BOLONAISE.

556 — Portrait de femme.
557 — Éducation de la Vierge.

ÉCOLE VÉNITIENNE.

558 — Grisaille.

ÉCOLE ITALIENNE.

559 — Ruines.
560 — Portrait d'un ecclésiastique.
561 — Fruits.
562 — Enfants.
563 — Saint Pierre.
564 — Apollon.

ÉCOLE ROMAINE.

565 — Le Christ mort sur les genoux de sa mère.
566 — Un portrait de femme.

ÉCOLES FLAMANDE ET HOLLANDAISE

ADRIAENSENS (Alexandre).

567 — Nature morte.

VAN ARTOIS.

568 — Paysage.

BLOEMAART (Abraham).

569 — Martyr de saint Étienne.

BRIL (Paul).

570 — Paysage.

CRAYER (Gaspard de).

571 — Saint Benoît.
572 — La Prière.
573 — L'Enfant aux bulles de savon.

DELY (Signé).

574 — Portrait d'un chasseur.

DEVRIES.

575 — Paysage.

DYCK (Antoine Van).

576 — Mater Dolorosa.
577 — Portrait d'homme.
578 — Gaston d'Orléans.

GLAUBER (Jean).

579 — Paysage.
580 — Id.

GONZALÈS COQUES.

581 — La Promenade.

GRAFF.

582 — Mendelshon, philosophe israélite.

HELST (Barthélemy Van Der).

583 — Portrait d'homme.

HEINSIUS.

584 — Portrait de Rivarol.

KALF (Guillaume).

585 — Nature morte.

DU JARDIN (Karel).

586 — Tête d'expression.

MAAS (Nicolas).

587 — Portrait de femme.

MIKALOWSKI.

588 — Charge de cavalerie.

VAN OORT.

589 — La Cène.   Grisaille.

PORBUS.

590 — Christine, fille de Henri IV.

QUEERFURT.

591 — Bataille.
592 — Pendant du précédent.

ÉRASME QUILLIN.

593 — Un Serment.
594 — L'Amour.

RANK.

595 — Corneille et sa femme.

RUBENS (Pierre-Paul).

596 — Les Démons.   Esquisse.

RUBENS (attribué à).

597 — L'Enfant Jésus et saint Jean.

SNEYDERS (François).

598 — Fruits et Animaux.

TENIERS (David).

599 — Nymphe et Satyre.

TÉNIERS et VAN ARTOIS.

600 — Oiseau de proie dans un Paysage.

TÉNIERS et MOMPER.

601 — Maison de campagne de Téniers.

TERBURG (Gérard).

602 — Tête de jeune homme.

VLEUGELS.

603 — Dame romaine.

ÉCOLE FLAMANDE.

604 — Effet d'incendie.
605 — Femme vue de dos.
606 — Saint Sébastien.
607 — Jeune femme écrivant.
608 — Tête de vieille femme.
609 — Tête de vieillard.
610 — Portrait de Rubens.
611 — Portrait de Carrache.

ÉCOLE ESPAGNOLE

MORO.

613 — Portrait d'homme.

MURILLO (Esteban).

614 — Tête de vieille femme.
615 — Tête de moine.

MURILLO (école de).

616 — Saint Augustin.

RIBERA (Joseph).

617 — Sainte Marie l'Égyptienne.

VELASQUEZ (de Silva).

618 — Portrait d'homme.
619 — Un Page.
620 — Tête de vieille femme.

ÉCOLE ESPAGNOLE.

621 — La Vierge et l'Enfant Jésus.
622 — Légende.
623 — Abraham et les trois Anges.

624 — Vieillard qui se chauffe.
625 — Un Moine.
626 — Le Christ.
627 — Le jeune Berger.

628 — Sans numéro, quelques tableaux non catalogués.

www.ingramcontent.com/pod-product-compliance
Lightning Source LLC
Chambersburg PA
CBHW050016230526
45470CB00003B/998